专家审阅：李 理 张 莹
出版策划：马 航
选题策划：沈阳中汇艺术馆有限公司
视频制作：于氢东

扫码解锁
· 历史留声机
· 文物放大镜
· 国宝集拼图
· 文博绘画板

图书在版编目（CIP）数据

博物馆里的奇妙中国. 古兵器 / 王可, 洪伟著 ; 武
泽昊, 王可绘. — 沈阳 : 辽宁科学技术出版社, 2023.10（2025.1重印）
　　ISBN 978-7-5591-3117-1

　　Ⅰ. ①博… Ⅱ. ①王… ②洪… ③武… Ⅲ. ①兵器
(考古) – 中国 – 儿童读物 Ⅳ. ①K87-49

中国国家版本馆CIP数据核字(2023)第140165号

出版发行：辽宁科学技术出版社
　　　　　　（地址：沈阳市和平区十一纬路25号　邮编：110003）
印 刷 者：凸版艺彩（东莞）印刷有限公司
经 销 者：各地新华书店
幅面尺寸：250mm × 250mm
印　　张：4
字　　数：80千字
出版时间：2023年10月第1版
印刷时间：2025年1月第2次印刷
责任编辑：马 航 卢山秀
封面设计：张琼月
版式设计：张琼月 陈 爽 赵 晨
责任校对：徐 跃

书　　号：ISBN 978-7-5591-3117-1
定　　价：59.00元

投稿热线：024-23284062
邮购热线：024-23284502
https://www.lnkj.com.cn

博物馆里的奇妙中国

古兵器

王 可 洪 伟 著

武泽昊 王 可 绘

**MUSEUM
WONDERLAND
OF CHINA**

WEAPONRY

辽宁科学技术出版社

·沈阳·

本书主人公介绍

我是小米糕，已经是二年级小学生了，别看我小，文博小咖的称号是叫得响的，哈哈！告诉你们一个秘密，我在博物馆中神交了两位朋友：小秦哥和小猫肉爪儿！他们陪我一起体验了博物馆中的各种奇妙！

小米糕

《博物馆里的奇妙中国》第一辑主人公咕叽的妹妹

你们好，我是兵马俑中最可爱的小秦哥。平日你在博物馆中看到的我刚毅又自信，因为我精通各种兵器，身手也非常敏捷，哈哈！

小秦哥

原型来源于
秦始皇兵马俑

喵，要自我介绍吗？你一定很好奇，平时你只能看到我的金爪子，我的头和身子去哪了？隐身术听说过吗？"动作要快、姿势要帅"是我对自己的要求。对了，我知道的秘密都很特别哦！

肉爪儿

原型来源于
周代足形金饰

跟随我们开启博物馆的奇妙之旅吧！

我们在这里。

2000年

清

1500年

明

元

金　宋
辽

1000年

五代十国

唐

隋

500年

南北朝

晋

三国

汉

公元元年

秦

战国

东周　　前500年

春秋

西周

前1000年

商

前1500年

夏

前2000年

馆长推荐语

中华文明是世界上唯一不曾中断、绵延了5000年的伟大文明,在漫长的历史长河中,我们的祖先给我们留下了很多关于他们的故事,这些故事就藏在流传至今的一件件文物上。

2020年辽宁省博物馆推出了儿童体验馆,希望能让孩子们读懂文物,爱上博物馆,在博物馆的陪伴下快乐成长。本套儿童文博绘本的出发点也是如此,它是一套可以"捧在手中的博物馆",用轻松有趣的方式,生动演绎不语的文物,让孩子们发现文博的乐趣和传统文化之美。

以古鉴今、思考当下、创造未来,是博物馆开展儿童和青少年教育工作的使命。愿可爱的孩子们可以在博物馆的陪伴下长大,有思维、有向往,延续中华文明的光和热!

辽宁省博物馆副馆长　董宝厚

出发，博物馆奇妙之旅！

: 哇，7000多年前的原始部落，真有意思！咦？部落周围环绕的水沟是干吗的呢？

: 它叫壕（háo）沟，是古代的护城河。史前时期，野兽和其他部落的侵袭比较频繁，很危险，壕沟就是史前人类为了生存安全想出的好办法之一。

: 他们还有什么别的好办法？

: 这个可说来话长，随着原始战争而出现的兵器就是这些好办法的最好物证。

: 这么一说，我好想看看古人的兵器啊。

: 这个好办，我认识一位朋友，
他可神通广大了！

04

兵器从哪里来

中国古代兵器文化源远流长，在历经数千年的古代战争中，先人们用智慧创造出不计其数的古兵器类型。兵器从何而来？跟我一起回溯历史看一看！

原始战争

原始社会晚期，不同的部落之间因为要争夺领地、食物等各种资源而爆发了部落战争。面对激烈的战争，古人使用那些锋利而尖锐的劳动工具武装自己，对抗敌方，以获取胜利。

这些带有锋刃的劳动工具逐渐进化成专门用于进行战争的特殊工具，兵器就这样形成了！

扫码解锁
历史留声机
文物放大镜
国宝集拼图
文博绘画板

兵器是伴随战争而出现的。

兵器也分冷热

07

冷兵器

冷兵器的最大特点是不含火药、炸药等可燃物，依靠自身的强度、硬度和锋利度来打击敌人。

热兵器

热兵器的特点是借助火药燃烧产生的爆炸和巨大的冲击力对敌方进行打击，需要用火来引燃，所以又叫作火器。

中国古代兵器的历史，由冷兵器和热兵器共同组成，后面咱们都会讲到！

冷兵器大家族

这些是本书中会出现的冷兵器。

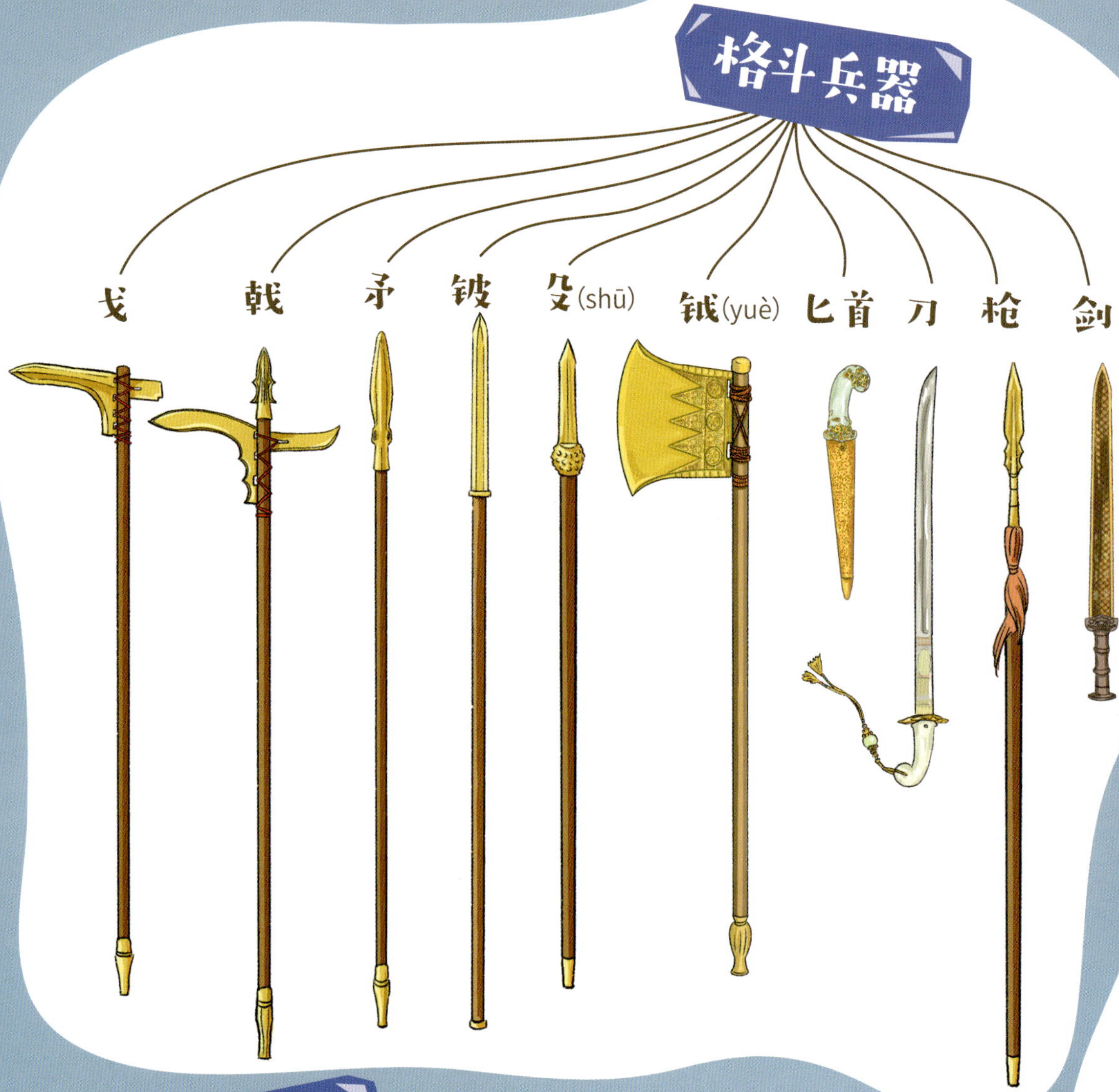

格斗兵器

戈　戟　矛　铍　殳(shū)　钺(yuè)　匕首　刀　枪　剑

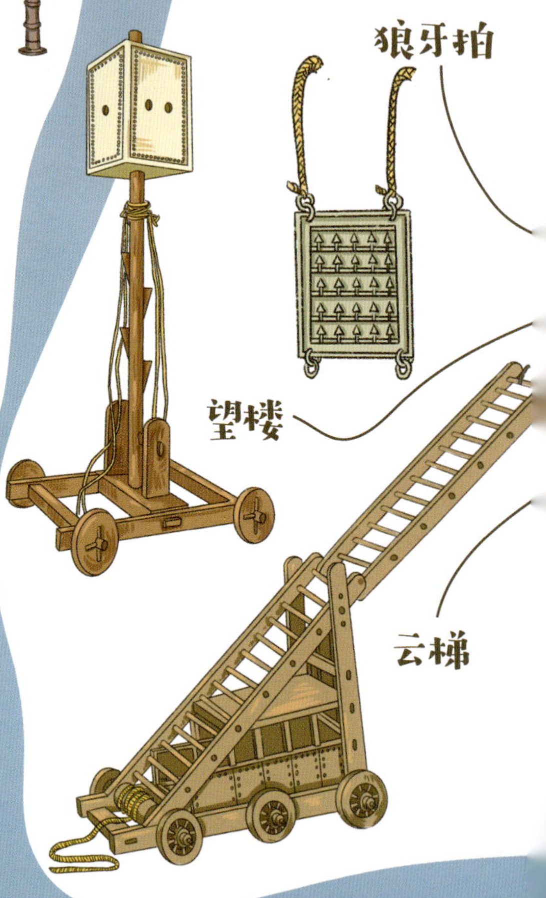

狼牙拍

望楼

云梯

远射兵器

弓　弩　箭镞(zú)

08

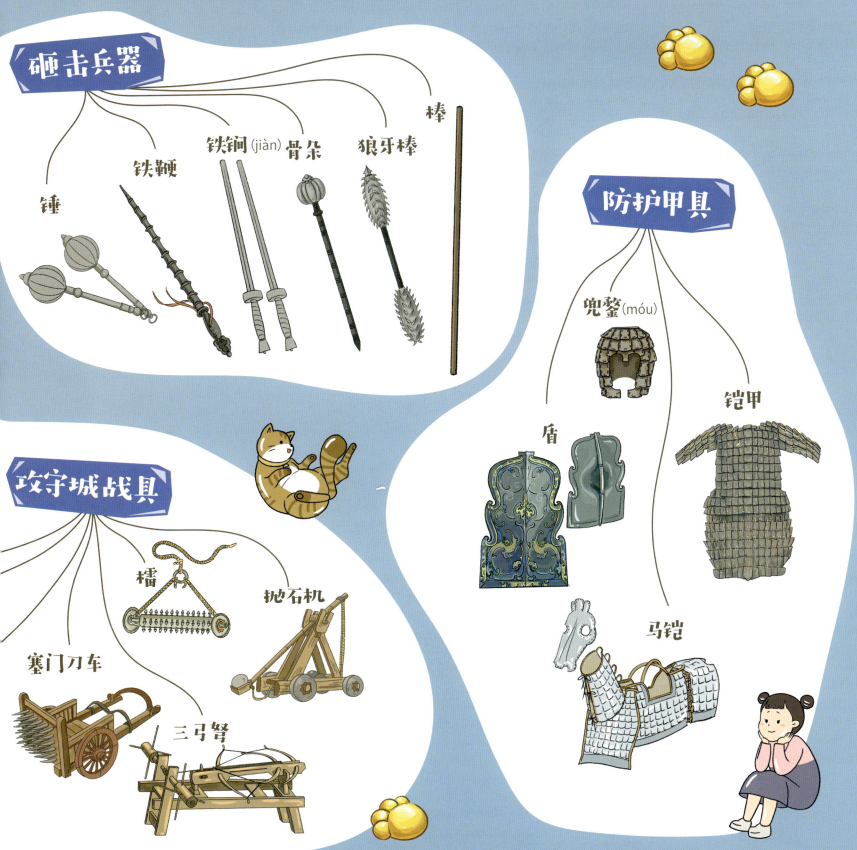

砸击兵器

锤　铁鞭　铁锏(jiàn)　骨朵　狼牙棒　棒

防护甲具

兜鍪(móu)　盾　铠甲　马铠

攻守城战具

檑　塞门刀车　抛石机　三弓弩

石器时代的兵器

这是约10000年前新石器时代的人类腿骨。值得注意的是，通过现代的X光透视技术，可以看到一枚三角形镞还嵌在腿骨中。

镞就是箭的最前端那个锋利的尖儿。这根腿骨仿佛带我们穿越到一万年前战火纷飞的战场上：一支飞驰而来的箭射中了没来得及躲闪的人，锋利的镞快速穿过肌肉射入了那个人的骨骼……由此你感受到战争的激烈和残酷了吗？

中国是世界上最早发明弓箭的国家，至少在距今30000年，原始人就已经会用石头打制尖形箭镞了。

没有弓，人是无法把一支箭抛射出那么远的！

gōng jiàn
弓箭

镞。

弓。

弦，用皮条或筋制作而成。

箭杆。

距今9000~6000年的骨镞。

兽骨骨镞

zú
镞

文物档案

骨镞

★ 年代：新石器时代

★ 出土地：河南舞阳贾湖遗址

★ 现藏地：河南博物院

原始人为增加箭的杀伤力，往往还在箭头上涂抹毒药。

11.8厘米

14厘米

由于制作弓箭的木材极易腐朽，很难保留，所以在遥远的石器时代只有石制或骨制的镞留存了下来。

石头磨制的镞

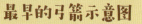

最早的弓箭示意图

石斧、石锛是古人砍树、耕田、狩猎时不可或缺的工具。一旦爆发战争，这些工具便第一时间被派上用场，成为古战场上的兵器。

在史前人类的生活中，石斧除了是男子随身携带的工具，也象征着权威和征服。在新石器时代的一件大陶缸上就画了一把石斧，一旁还有一只叼着一条鱼的大白鸟。或许这正是鸟部落征服了鱼部落的历史记录！

máo 矛

bēn 锛

fǔ 斧

彩绘陶缸

木棒是古人常用的兵器，在木棒上加上尖形石器，威力一下子大大增加了！

石锛

后来，石斧慢慢变薄了，斧刃也慢慢加大，形状的改变让它更有杀伤力。改进之后的大斧被称为钺（yuè）。

斧　　钺

dāo 刀

可以想象它上面一定是安装有长木柄的。

石器时代，主要使用石制、骨制、木制兵器。随着社会的进步和生产力的发展，一个全新的时代——青铜时代即将到来！

矛

文物档案
石矛
★ 年代：新石器时代
★ 尺寸：长23.3厘米
★ 出土地：广东省博罗县角洞
★ 现藏地：中国国家博物馆

23.3厘米

石矛

七孔石刀

青铜时代的兵器(一)

大约在4000多年前，中国正式迈入了青铜时代。时间跨度经历夏、商、西周、春秋、战国，前后持续了约1500年。青铜时代怎么少得了青铜兵器呢，一起看看吧！

格斗兵器

戈是商周时期最常见也是最重要的兵器。当时的步兵作战时一手拿戈，一手拿盾。盾也称为干，"大动干戈"这个成语就是由此而来。

gē 戈

戈的金文

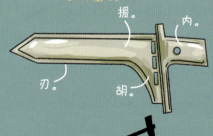

援。
内。
刃。
胡。

【大动干戈】多用来形容人们拿起武器，进行大规模的战争，有时也指相互间大打出手。

戟刺。

秘。

戟比戈增加了刺的功能。

jǐ 戟

安装在戟下端的叫镦(zūn)。

文物档案

三戈青铜戟

★ 年代：战国
★ 尺寸：全长3.43米
★ 功能：击刺、勾啄兵器
★ 出土地：湖北随县擂鼓墩1号墓
★ 现藏地：中国国家博物馆

sān gē jǐ 三戈戟

矛像一片叶子，中间有脊，两侧有附钮。

máo 矛

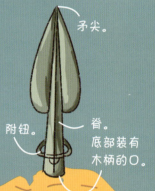

矛尖。

脊。

附钮。

底部装有木柄的口。

文物档案

北单矛

★ 年代：商周时期
★ 尺寸：长20.3厘米，宽5.2厘米
★ 功能：击刺兵器
★ 出土地：河南安阳
★ 现藏地：中国国家博物馆

铍是在短剑上装上长柄。

两侧有锋利的刃。

无刃殳。

shū
殳

有刃殳。

古时候，王公贵族出行时，前方的卫士会手拿殳为其开道。

殳的象形字。

pī
铍

铍身。

茎。

铋(bì)。

戈、矛、戟、铍、殳，都属于格斗兵器，由于它们通常要高于成年男子的眉际，所以它们也属于长兵器！

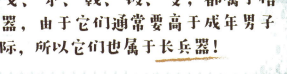

文物档案
燕王喜铜铍
★ 年代：战国
★ 尺寸：全长24厘米
★ 功能：击刺兵器
★ 采集地：辽宁北镇亮甲河岸
★ 现藏地：辽宁省博物馆

文博科普时间

铋(bì)的秘密

长兵器上加装的木柄叫作"铋"。它略粗，乍看就像一根圆形木棒，但仔细观察却大有奥秘。首先，铋的制作可不仅仅是木棒这么简单，铋芯由木料制成，外面用多层竹片包裹，再用麻绳绑紧，最后在外侧涂刷大漆。这样一来，木柄的韧性增强，不易折断和变形。其次，铋的形状也不全是圆形，比如戟的铋，横截面就像一个鸭蛋；而铜矛的铋呈菱形，殳的铋呈八角形。

木芯。

竹片。

丝线、革带或藤皮。

铋的结构

戈和戟的鸭蛋形铋。

矛的菱形铋。

殳的八角形铋。

青铜时代的兵器（二）

商周时期的青铜钺，作为劈砍类兵器使用。但一些体型较大、装饰华美的青铜钺是王的专属——代表着至高无上的权力。

yuè
钺

它太可爱了！

文物档案
兽面纹铜钺
★ 年代:商代
★ 尺寸:长31.7厘米,宽35.8
厘米,重4.9千克
★ 功能:祭祀用礼器
★ 出土地:山东省益都市
★ 现藏地:中国国家博物馆

兽面纹铜钺

祭祀仪式中使用的礼器。

饕餮纹铜钺

刃角微微翘起。

它是个怪脾气。

dāo
刀

主要是北方游牧民族使用！

环首铜刀

短刀主要用来与敌人近距离搏斗,是防身的御敌兵器。

剑是以刺为主的手握短兵器，被称为"百兵之君"。

1965年在湖北楚国墓葬中被发现。

锋。

经历千年，宝剑为何能保存得这么完好？

铸剑用的铜特别好，制作的工艺在当时也是极其先进的。

楚国的墓葬密封做得好，保证了墓中环境温度、湿度等的稳定。

jiàn
剑

墓主人是楚国国王的后代子孙。

剑身上的文字显示，剑的主人是越国国王勾践。

越国和楚国都是春秋时期的诸侯国。

越王的宝剑为何长眠在楚国的墓中，至今仍是未解之谜。

刃。

剑脊。

剑身。

出土时宝剑带有剑鞘（qiào），也就是保护套。

文物档案
越王勾践剑
★ 年代：春秋时期
★ 尺寸：剑长55.7厘米，柄长8.4厘米，剑宽4.6厘米
★ 出土地：湖北省望山楚墓群1号墓
★ 现藏地：湖北省博物馆

越

剑柄。

茎。

首。

除了越王勾践剑以外，当时中国的不同地区还有很多种不同样式的短剑，一起来看看。

剑格

剑格是剑身和剑柄之间用来保护手的部分。

· 北方草原剑
——羊首短剑

· 东北短剑
——曲刃青铜剑

· 巴蜀剑
——兽面纹短剑

· 中原剑
——吉日壬午剑

青铜时代的兵器（三）

前文介绍过，石器时代古人用石头和骨头磨成镞，安装在箭前端。到了青铜时代，青铜镞被大量装备在军队中。

羽毛的作用是使箭飞行更稳定。

zú 镞

两翼镞

血槽。

三翼镞

甲骨文的"射"和"弓"。

射　弓

前锋。

刃。

中空。

后锋。

铤。

文物档案
三翼镞
- ★ 年代：战国
- ★ 尺寸：长5.1厘米
- ★ 功能：远射兵器
- ★ 出土地：河南辉县
- ★ 现藏地：河南博物院

这是一枚有三个小翅膀的镞。被三翼镞射伤，伤口呈三角形，很难愈合，而且尖尖的后锋让箭很难从身上拔出来。

nǔ 弩

望山。

牙。

弓。

弩臂。

悬刀。

弩就是带有"手臂"的弓，是步兵有效克制骑兵的武器。

一件完整的弩由弩机、弩臂和弓三部分组成。弩机由望山、牙、悬刀等部分组成。
望山用来瞄准，牙用来勾住弓弦，悬刀是发射箭的扳机。

弩是冷兵器时代杀伤力较大的远射兵器！

sì mǎ zhàn chē
驷马战车

"君子一言，驷马难追"中的驷马说的就是这种超豪华战车。

车上三名将士分工各不相同。中间的负责驾车，两旁的士兵，一名负责近距离砍杀、勾刺敌人，另一名负责用弓箭射杀较远处敌人。战车上的将士都是军队中的精英。

一架战车相当于一座移动的战斗堡垒，是3000年前战场上的主宰！

扫码解锁

历史留声机
文物放大镜
国宝集拼图
文博绘画板

看上去所向披靡的战车也有弱点，它个头大，在平原上战斗是无敌的，但到了山地或丛林中就变得笨重了。后文中你会看到比驷马战车更利于作战的战车形式。

秦始皇的军事装备

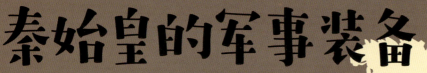

秦始皇统一天下。他去世后，与他一同埋葬于地下的千军万马——兵马俑军团，再现了当年强大秦军的风采。

在秦始皇陵的随葬坑中，考古学家发现了大量的石铠甲模型。它们用一块块石片连接制成，或许模拟的是当时的金属铠甲。而兵马俑陶塑身上的陶铠甲，可能模拟的是当时的皮质铠甲。

石铠甲

122厘米。

这正是我！当时的我是军中的弩手！

跪射俑

文物档案

跪射俑

★ 年代：秦

★ 尺寸：高122厘米

★ 材质：陶制

★ 出土地：陕西临潼

★ 现藏地：秦始皇帝陵博物院

延伸链接　想了解关于秦始皇兵马俑的更多有趣内容，请看《博物馆里的奇妙中国：陶器》第30、31页"埋在地下的陶俑军团"。

文物档案
铜马车
★ 年代:秦
★ 尺寸:高150厘米
★ 材质:青铜彩绘
★ 出土地:陕西临潼
★ 现藏地:秦始皇帝陵博物院

秦朝时，这样的马车是用来巡视和战斗的。

驾车的驭手。

佩剑。

弩机。

箭笼。

弩机架子。

和铜马车一同出土的还有一件彩绘青铜盾模型。盾上绘制的华丽花纹虽然因年代久远而有部分脱落，但我们仍然可以通过它感受到秦代匠人当年制作这件器物时的巧思！

彩绘青铜盾模型

回忆过去中……

你发现了吗?兵马俑都没戴头盔。这是因为兵马俑是皇帝的陪葬军队，按照礼仪，面见皇帝的时候不能戴头盔！

秦始皇陵兵马俑坑

铁器时代的兵器（一）

这是一件距今约2800年的玉柄铁剑，它为我国铁器时代的降临提供了重要的物证。

曾经锋利的铁剑。

铁剑已严重锈蚀，看起来像一块泥巴。

绿松石。

和田玉。

文物档案

玉柄铁剑

★ 年代：战国

★ 尺寸：通长34.2厘米，柄长22厘米，剑宽3.8厘米

★ 出土地：河南省三门峡市虢国墓地

★ 现藏地：河南博物院

这是目前发现的第一件人工冶炼的铁兵器！当时的贵族视它为罕见的珍品！它也是河南博物院的镇馆之宝之一！

玉柄铁剑

文博科普时间

铁与铜

 VS

铜矿石　　　　　铁矿石

1. 自然界有较多的天然铜，但没有天然铁，铁都是以铁矿石的形式存在。

2. 铜矿石颜色鲜艳，更容易发现；铁矿石则发黑，难以发现。

3. 铜的熔点是1083.4℃，铁的熔点是1536℃。

所以古人使用铁的时间比铜要晚。

文博科普时间

变"丑"了的铁

小朋友，你注意到了吗?博物馆中的铁制文物几乎都锈蚀得看不出原来的模样了。还有咱们日常生活中炒菜用的铁锅、铁螺丝等铁制品，碰到水之后就容易生锈。无比坚硬的铁，为什么会有这样的变化?

空气中的氧气和水分，是令铁生锈的罪魁祸首，铁生锈的过程也叫氧化。博物馆中的铁制文物，经历了成百上千年的氧化，所以失去了昔日的光芒，变得粗糙又脆弱了。

还记得青铜兵器戟吗?现在人们用铁把戟铸造成新的样子了!

戟刺。

柲(bì)帽。

横枝。

tiě jǐ
铁戟

比青铜戟更细长,也更锐利,具有更大杀伤力。

兜鍪是古代战士的头盔,秦汉之前叫作"胄(zhòu)",之后被称为兜鍪。

它由89块铁片连接而成。

tiě dōu móu
铁兜鍪

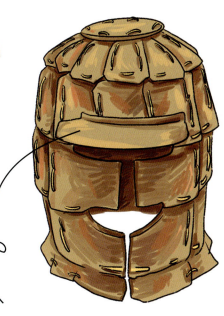

在眉眼处有一个类似帽檐的部分,用来抵挡从上方射下的箭。

防护装备在战争中非常重要,兜鍪、铠甲虽然沉重,却是保护生命安全、取得胜利的必备武器哦!

护身甲胄(zhòu)材料之变

时代	石器时代	青铜时代	铁器时代
时间	约10000年前	4000~2500年前	约2000年前
对应历史时期	史前时期	夏商周时期	战国末年
甲胄的材质	兽皮或藤条编成	青铜+皮质甲胄	铁质甲胄

铁器时代的兵器(二)

汉朝是秦朝之后的新王朝,在汉朝历代皇帝的努力经营之下,汉朝国家强盛,国土范围继续扩大。汉武帝时期,为了抗击草原上的游牧部落,训练出了强大的骑兵军团,他们纵横驰骋在广阔的战场上,奋力拼杀。也就在这一时期,铁兵器成为军中兵器的主角。

tiě jǐ
铁戟

"卜"字形戟。

铁蹄滚滚,万马奔腾,骑兵速度快又灵活,很快取代了青铜时代的战车,成为战场上最强大的军事力量!

戟的改变

和青铜时代戟的样子完全不同了!

手拿"卜"字形戟的汉代骑兵

匕首是人们贴身搏斗时才用得上的防身兵器。

gōu xiāng
钩镶

钩、盾牌的结合。

身穿铁铠甲，手拿环首刀和盾牌的步兵

中山王刘胜的贴身兵器。

bǐ shǒu
匕首

文物档案
嵌金片花纹铁匕首
★ 年代：西汉
★ 尺寸：总长36.7厘米，身宽4.3厘米
★ 出土地：河北满城1号墓
★ 现藏地：河北博物院

嵌金片花纹铁匕首

dāo
刀

文物档案
"永初六年"钢刀
★ 年代：东汉
★ 尺寸：111.5厘米
★ 出土地：山东省临沂市苍山县
★ 现藏地：中国国家博物馆

环首刀。

"永初六年"钢刀

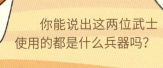

你能说出这两位武士使用的都是什么兵器吗？

铁器时代的兵器(三)

乱世中的兵器

汉朝之后，中国历史跨入了长达400年的三国两晋南北朝时期。这个时期的特点就是战争频繁发生，而兵器也随之不断地迭代发展。

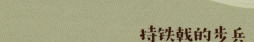

刀。

弓。

盾。

持刀、盾和弓的步兵

这么多兵器呀！

持铁戟的步兵

铁矛。

穿戴铁盔甲、手握铁矛的骑兵

míng dí
鸣镝

射出去能发出响声的箭头，又叫响箭。前端带尖，中间有孔，骨质，相当于现在的信号弹。

光明铠。

身穿光明铠发射信号的士兵

重甲骑兵登场

为了防御弓弩的射杀，人和战马都穿戴上了用于防护的铠甲，可想而知战场上的惨烈和危险。

铠甲很厚重，为了帮助战士保持平衡，稳稳地骑在马上战斗，历史上一项非常重要的发明——马镫——出现了！

马也武装上了！

mǎ dèng
马镫

带孔的长柄。

镫圈，里面是木质，外面包着一层鎏金铜片。

铜鎏金木芯马镫

战马的马尾通常会系上。

面帘。

马甲。

马镫。

它是至今唯一有年代可以考证的完整双马镫！

文物档案
铜鎏金木芯马镫
★ 年代：十六国时期
★ 尺寸：高分别为23.2、25厘米，宽均16.9厘米
★ 出土地：辽宁北票冯素弗墓
★ 现藏地：辽宁省博物馆

马镫是中国为世界贡献的重要发明！

重甲骑兵

25

铁器时代的兵器(四)

隋唐时期的古人很少用兵器来陪葬,所以考古出土的兵器很少。好在史书和绘画中留下了关于这个时期兵器的记录。

横扫天下的隋唐铁骑(qí)

先来看看这张根据书中记载梳理的唐代一支军队配备的远射和格斗兵器清单,感受一下大唐国家军队的兵器阵容吧!

唐代一军(12500人)兵器清单

远射兵器	格斗兵器
12500张 每张弓配30支箭以及3条弓弦。 弓	**12500条** 又称矛,骑兵、步兵都用。其中步兵用的木枪,可以在需要的时候支撑帐篷或者扎成木筏当船用呢。 枪
2500张 弩的数量虽然少,但每弩配箭100支。 弩	**10000把** 佩刀又叫横刀,刀身笔直修长,锋利无比,骑兵、步兵都可用。 佩刀
	2500把 步兵用刀,是一种长柄大刀,双面开刃,又叫斩马剑。 陌刀
	2500根 棒

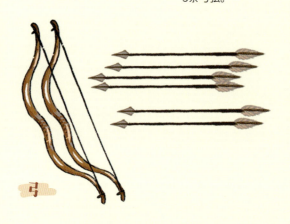

兜鍪(móu)，
保护头部。

他手里拿着的是
一面军旗。

这是一位穿戴着
铠甲的大唐武士，一起
感受一下他的威风吧！

覆膊，
保护肩膀。

下了弦的弓。

胡禄，就是箭囊
(náng)，大约装
30 支箭。

27

宋代冷兵器

dāo
刀

三尖两刃刀。

屈刀

掩月刀

戟刀

掉刀

手刀

戟刀与青铜时代的戟大不相同了，它是这个时期杀伤力最大的刀。

步兵用枪。

木首。

鸦颈枪

双钩枪

单钩枪

槌枪

qiāng
枪

双钩、单钩枪是骑兵专用枪，枪杆上的套环方便骑兵携带。

身形像竹节。

biān
鞭

铁鞭

28

bàng
棒

铁质。

铁链夹棒

木质。

抓子棒

杵棒

密密的尖铁钉。

用这里砸击敌人。

像大蒜头。

蒜头骨朵

有刺。

蒺藜(jí)(lí)骨朵

sān gōng nǔ
三弓弩

还记得吗?弩是有手臂的弓箭,战场上的它成了攻城战争必不可少的重型兵器。这种由三个弓组成的巨型弩,其射程可以达到560米之远。而这巨弩上的箭和士兵用的长枪差不多大!

绞轴。

引钩。

后弓。

主弓。

前弓。

扳机。

巨弩发射的箭威力极大,能牢牢地射入城墙,攻城的士兵可以利用它们爬上城墙。

攻守城兵器

在古代战争中，最为复杂艰难的莫过于攻城战了。高筑的城墙，本来就是阻隔千军万马的屏障，要想破城而入，更是难上加难。

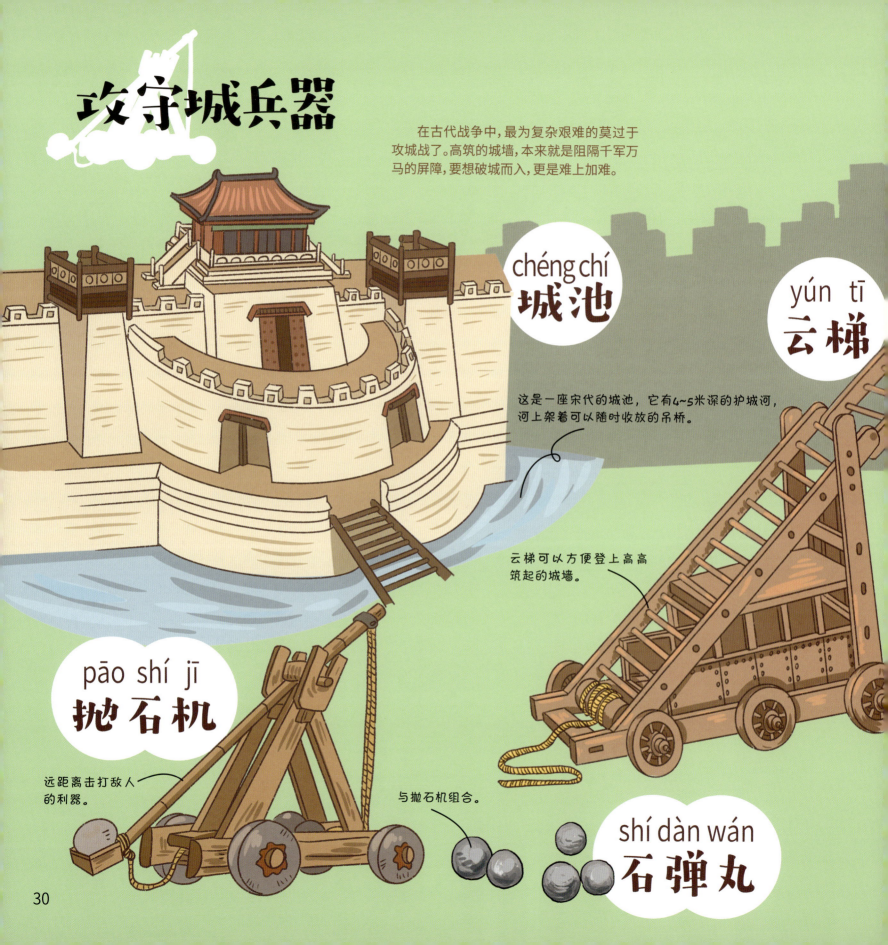

chéng chí
城池

这是一座宋代的城池，它有4~5米深的护城河，河上架着可以随时收放的吊桥。

yún tī
云梯

云梯可以方便登上高高筑起的城墙。

pāo shí jī
抛石机

远距离击打敌人的利器。

与抛石机组合。

shí dàn wán
石弹丸

为了更好地破敌入城，古人研发出了各式各样的攻城兵器，与之对应的守城一方，也有为了保护城池、应对攻击的守城兵器。一起来认识它们吧！

mù léi
木檑

yè chā léi
夜叉檑

láng yá pāi
狼牙拍

登上城墙是十分艰险和惨烈的任务。因为守城将士为了抵御敌人的进攻，要用手中布满铁钉的木檑、夜叉檑、狼牙拍从城墙上奋力砸向敌人。

wàng lóu
望楼

不论是攻城还是守城，双方都必须时刻观察对方的动态，找到对方的弱点。城内的守城部队在城墙上观察四周的兵力情况，城外的攻城部队也要观察城内的兵力情况，望楼就是观察城内情况的高空情报站。

sāi mén dāo chē
塞门刀车

城墙下，假若敌人即将攻破城门，城内守军将准备好塞门刀车来对抗。

不管是攻城还是守城，都会用到大量的弓箭、弩机。此外，后文中出场的热兵器，也是攻守城的重要武器。

热兵器出现了

火药的发明很有趣，它源自道教古老的炼丹术。道家为了追求长生不老，会在大铜炉里炼制仙丹。当他们把硫黄及其他几种药材放在一起烧炼时，发生了巨大的爆炸，后来古人就开始利用爆炸产生的力量，并把这种能产生爆炸的黑色粉末称为火药。

小朋友，你知道火药吗？它是中国古代的四大发明之一。我们过年燃放的烟花爆竹，就是由火药制成的。

火药发明于唐代，到了北宋，古人把它用到了兵器中。

我是一个火箭手！

huǒ jiàn
火箭

在箭杆前端加上一个火药筒，点燃火药，再把箭发射出去！

嘿……哈……

梨花枪是火药与冷兵器的强强联合！在枪上加装火药筒，战斗时可点燃火药攻击对方，之后再用枪矛继续搏斗。

lí huā qiāng
梨花枪

火枪是大型火箭！

huǒ qiāng
火枪

敌军，火枪马上发射，你们等着吧！

中国火药在元朝传到了阿拉伯地区和欧洲。因为本身是黑色粉末，爆炸后又有浓浓的黑烟，所以又被称为黑火药。中国火药的配方，是世界所有国家中最古老的！火药也是中国对世界文明的巨大贡献！

元明清火器

元明清时期，军队中冷兵器与火器都有配备，火器在战争中发挥的作用越来越大。

最早的火铳（chòng）

元代的皇帝把全国各地精通火药制造和金属冶炼的工匠会聚到元大都（今天的北京）来大力研发新式火器，火铳就这样诞生了！

铳身。

药室。

铳尾。

铜火铳

铳口。

迄今为止，世界上发现的最早的火铳。

因为铳口像一个大碗，又被叫作碗口铳。它的威力甚至可以决定战场上的胜负！

文物档案
铜火铳
★ 年代：元大德二年（1298年）
★ 尺寸：长34.7厘米，重约6.2千克
★ 现藏地：内蒙古蒙元文化博物馆

这是一件手持火铳，它是近代枪械的祖先！

文物档案
铜手铳
★ 年代：元至正辛卯年（1351年）
★ 尺寸：长43.5厘米，重4.75千克
★ 现藏地：中国人民革命军事
  博物馆

球形的地方装火药。

尾部可以加装木柄，方便手持。

这里可以加固铳身。

神机营是明代皇帝设立的一支"特种部队",它比欧洲的火枪部队早了整整100年,是世界上最早的火器部队。

huǒ chòng
火铳

火铳是明代军队配备的兵器。使用时扣动枪机,带动火绳点燃药室中的火药,借助火药的爆发力将枪管内的子弹射出。子弹为圆铅弹,穿透力更强。

xùn léi chòng
迅雷铳

这里可以作盾牌。

迅雷铳可以连续发射子弹,和后来的机关枪相近。

支撑铳身的斧子在子弹射完后可用来防卫。

fó lǎng jī
佛朗机

神机营开世界军队火器化进程之先河!

佛朗机是一种火炮,是从葡萄牙传入中国的。

清朝皇帝的武备

清朝皇帝酷爱习武狩猎，一起来看看他们御用的铠甲和兵器吧！

这是康熙帝御用棉铠甲，是他在阅兵仪式上穿的礼服。

上面的部分叫衣。

下面的部分叫裳。

康熙帝御用铁交枪

文物档案
康熙帝御用铁交枪
★ 年代：清
★ 尺寸：长135.5厘米
★ 现藏地：故宫博物院

木制弓，弓中部镶了一块暖木，便于手握。

这是雍正帝御用弓。

文物档案
雍正帝御用木葡萄纹桦皮弓
★ 年代：清
★ 尺寸：长179厘米
★ 制作：清宫造办处
★ 现藏地：故宫博物院

再来看两件乾隆帝的御用武器吧！

木质刀鞘。

钢刀身。

玉把。

绿松石。

玉柄金桃皮鞘寒锋腰刀

玉把，上嵌红、绿宝石和珍珠。

匕首鞘包金。

这是乾隆帝放在枕头下的贴身匕首。

玉嵌料石柄铜叶鞘匕首

清朝前期的皇帝都善于骑射，他们可以在纵马奔驰的时候射中箭靶的中心，这是满族的民族特技。

帅气！

文博创想游戏

　　中国自古有"十八般兵器"的说法。前面我们大致了解了中国古兵器的发展历程，现在一起来看看民间流传的十八般兵器吧！你还可以根据兵器所使用的不同材质，给它们涂上色彩！

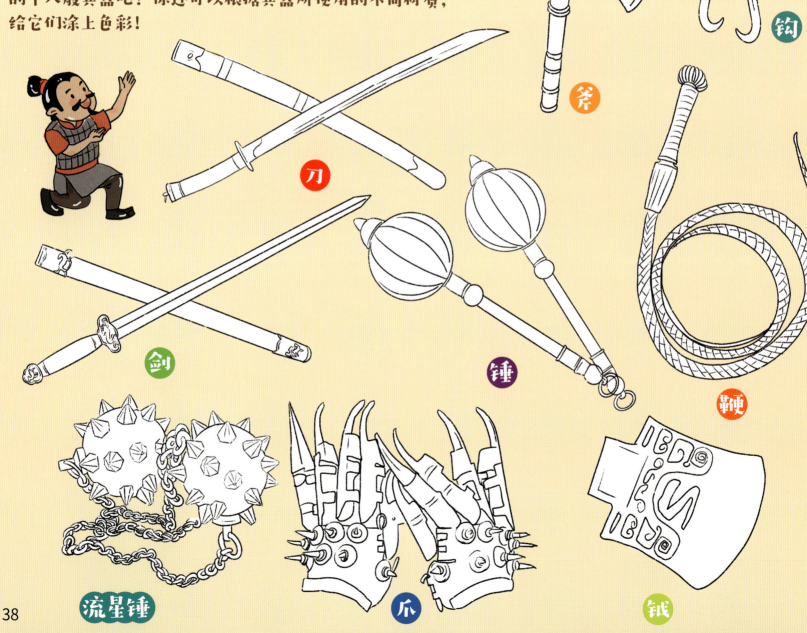

斧

钩

刀

锤

鞭

剑

流星锤

爪

钺

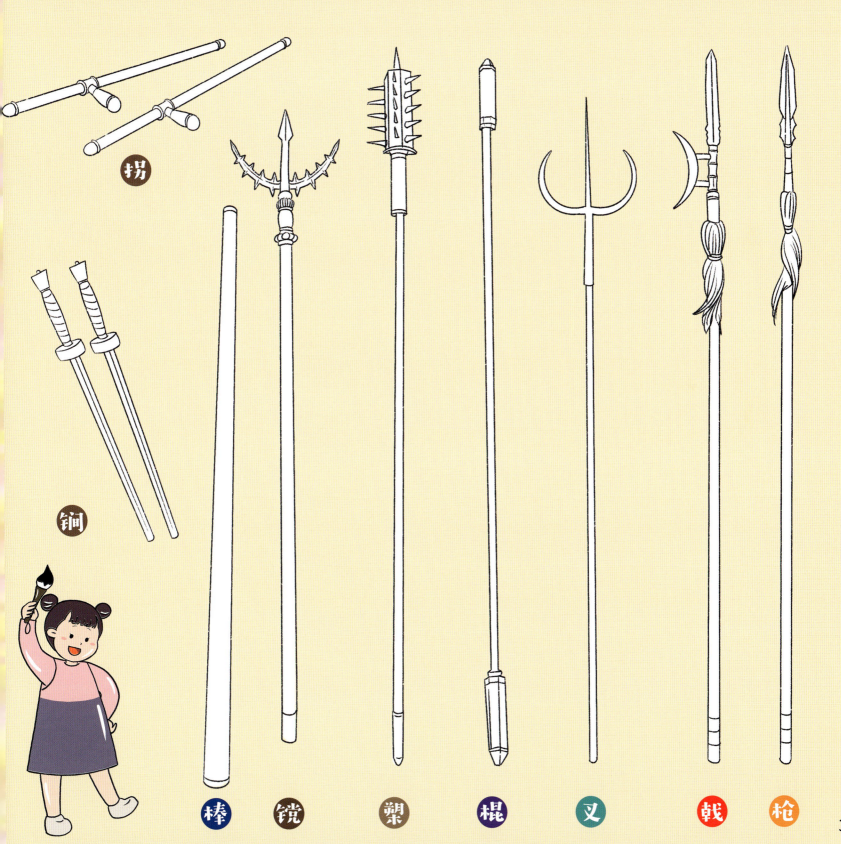

拐

锏

棒　镋　槊　棍　叉　戟　枪

39

武装战马

古时征战沙场的英雄，都有一匹伴随他驰骋拼杀的战马。现在，拿起你手中的画笔，为战马披上铠甲吧！

像这样把马铠甲连线到合适的部位。

大将军的武器库

如果你是一位唐朝的大将军，明天就要出征了，今晚要最后清点一下武器，你会带走哪些？请圈出来吧。

兵符里的奥秘

兵符是古时候专门用于调兵的凭证。兵符分为左右两半，右边的一半存放在皇帝手中，左边的一半会交给驻军在外的将领。当皇帝需调兵时，传令的使者会拿着兵符，交给将领。将领将两半兵符对在一起进行验证，验证的过程就叫合符。当兵符完整相对、互相吻合时，才能调动军队行动。兵符在古代战争中，确保了消息的真实性，是古代战争中不可缺少的消息验证器。

用榫卯扣合。

皇帝用右。在周、秦、汉时期，中国传统以右为尊。

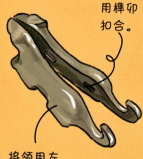

将领用左。

最早的兵符做成虎形，又叫虎符。

我是将军手中的左半符，负责验证调兵消息的真伪！我可是现存年龄最大的虎符，已经2200岁了！

你看见我身上的"皇帝"二字了吗？我是秦始皇发给阳陵守将使用的兵符，"皇帝"这个词是秦始皇的首创。对了，你发现我是一件左右完整的小可爱了吗？

战国错金杜虎符
陕西历史博物馆藏

秦阳陵虎符
中国国家博物馆藏

唐朝时，出现了鱼符，使用方法和虎符一样。

你看见我的大眼睛了吗？我的主人可以在这里穿绳，防止把我给弄丢了。

这里的同字意思同"合同"的同。

唐右领军卫铜鱼符
济南市博物馆藏

我身上既有汉字，也有契丹文字。

辽代 铜鱼符
辽宁省博物馆藏

请你绘制一件兵符，可以是虎符，也可以是其他形状的。记得把它分别发给皇帝和将领哦！

我的文博日记

姓名：＿＿＿＿＿＿＿＿＿＿＿＿＿＿＿＿

年龄：＿＿＿＿＿＿＿＿＿＿＿＿＿＿＿＿

生活的城市：＿＿＿＿＿＿＿＿＿＿＿＿

我去过的博物馆有：＿＿＿＿＿＿＿＿＿＿＿＿＿＿＿

我看过里面的：＿＿＿＿＿＿＿＿＿＿＿＿＿＿＿＿＿＿

在我的印象中，我去过的博物馆中 □ 有古兵器 □ 没有古兵器 □ 没太注意

看完了各种各样的古兵器，如果我是一位征战沙场的将领，我会选择使用：

＿＿＿＿＿＿＿＿＿＿＿＿＿＿＿＿＿＿＿＿＿＿＿＿＿＿＿＿＿＿＿＿＿＿

因为：＿＿＿＿＿＿＿＿＿＿＿＿＿＿＿＿＿＿＿＿＿＿＿＿＿＿＿＿＿＿

游览完古兵器国，我的感受是：

＿＿＿＿＿＿＿＿＿＿＿＿＿＿＿＿＿＿＿＿＿＿＿＿＿＿＿＿＿＿＿＿＿＿

本书任务清单

任务	难易程度	完成
1.了解到兵器最早的来历。	★★★	☐
2.能区分冷兵器和热兵器。	★★★	☐
3.可以说出古人最早制作弓箭箭头用的材料是什么。	★★★	☐
4.能说出为什么和军事、战争有关的字中有"戈"。	★★★★	☐
5.能说出青铜时代不同的长柄兵器及柲的形状特点。	★★★★★	☐
6.知道弓和弩的区别。	★★★	☐
7.说出驷马战车上将士的分工。	★★★★★	☐
8.掌握铁和铜之间的区别及它们各自的优势。	★★★★★	☐
9.记住石器时代、青铜时代和铁器时代的古人分别用什么制作甲胄。	★★★★★	☐
10.找到马镫被发明的原因。	★★★	☐
11.讲一讲火药是如何被制造出来的。	★★★	☐
12.揭开兵符的秘密,讲一讲兵符的作用。	★★★★	☐

　　中国古兵器浩如烟海,本书的篇幅有限,展示的仅仅是其冰山一角,希望小朋友们可以借此感受到古兵器的神奇和有趣,继续探寻更多关于古兵器的历史和故事!

文物历史脉络图

史前时期

夏商时期
约前2070—前1046

清
1616—1911

明
1368—1644

宋
960—127

元
1206—1368

现在

春秋战国
前770—前221

西周
前1046—前771

秦
前221—前206

汉
前206—220

唐
618—907

隋
581—618

魏晋
南北朝
220—589

你好，小朋友！这里是位于沈阳的中汇艺术馆，我是本书的作者，我就在这里工作！这里专门为小朋友们开设了"小小鉴赏家"文博课堂，欢迎来体验好玩的古代生活，感受传统文化的乐趣！

关于中汇艺术馆

中汇艺术馆于2008年建成，坐落在沈阳金廊——北方传媒大厦的最高层，是一座高空博物馆，更是沈阳城上空的一颗明珠。艺术馆历经十余年铭心收藏，荟萃数百件中国古代艺术珍品，如吉金闪耀、动人心魄的佛造像，温润如玉、彩釉绚烂的瓷器，惟妙惟肖、栩栩如生的雕刻艺术品，用料考究、繁缛华丽的清式家具等。每位观者都可以在这里感知历史的深邃与生机，体验传统文化的厚重与精妙，看见古人的非凡智慧和惊世技艺。

中艺汇术
SINO-FUSION
ARTS

给家长的阅读建议

文博类少儿图书对于学龄前的孩子来说，是一个有着天马行空想象力的世界，孩子会对文物的形状、花纹、功能等提出各种各样的问题，所以家长为孩子解释问题的时候，可以把书中的知识点与孩子熟悉的事物相关联，便于他们更好地理解与记忆。每次阅读时选择两三个知识点，让孩子一点点消化，对于书中设计的文博游戏，更可以当成亲子游戏来玩儿！

辽宁省博物馆

而对于入学后的小读者，父母陪伴孩子阅读是和孩子同频共振的基础，可以一起探讨。当孩子有想深入了解的问题时，家长可以协助孩子查阅更多资料，进一步探索和找到答案。这些都是效果非常好的亲子学习方式！

辽宁省博物馆　公共服务部副主任　张　莹

奇妙中国 寻宝小分队

"码"上加入

历史留声机
声临其境，
带你走进历史现场！

国宝集拼图
缺你不可，
呼朋唤友一起集！

文物放大镜
配套动画，
围观国宝讲文物！

文博绘画板
数字涂鸦，
创作你的文物画！